Cuisine facile

46 RECETTES SIMPLES & RAPIDES

à base de
FROMAGE AOP

D1678243

Nico le Cuistot

SOMMAIRE

Recettes classées par ordre alphabétique des fromages AOP

INDEX
Recettes par type de plat

Soupes

Salades

Plats

Desserts

PRÉAMBULE

À lire avant de nouer le tablier

Nico n'est pas un pseudo, c'est vraiment le diminutif par lequel m'appellent mes proches. Le prénom complet, vous l'avez deviné, c'est Nicolas. Pourquoi le Cuistot ? Eh bien, c'est simple, comme mes recettes ! Je suis en effet le « responsable cuisine » à la maison, titre que ma femme m'attribua rapidement et sans regret dès les premiers jours de notre rencontre. Une distribution des rôles qui n'était pas pour me déplaire et à laquelle je cédai avec plaisir. Depuis plus de 25 ans, à la maison comme en vacances, le cuistot, c'est moi !

Des préparations simples et rapides, vraiment ?

Pourquoi écrire un livre de cuisine facile ? Là aussi, c'est simple. Je suis camping-cariste. Cela vous fait une belle jambe n'est-ce pas ? Que vient faire le camping-car dans cette histoire ? Si vous aussi circulez avec votre maison sur le dos, vous savez de quoi je parle. Si ce n'est pas le cas, alors vous vous demandez bien ce que ce détail vient faire dans un livre de recettes. Pourtant, il a toute sa place. Laissez-moi vous raconter.

Imaginez. Vous partez au volant d'un camping-car pour la première fois. Vous espérez que ce symbole de liberté vous permettra de passer des vacances inoubliables. Et c'est vrai. Vous trimballez votre lit, votre cuisine, votre salle de bains, à vous le voyage sans contraintes ! Là, c'est moins vrai. Avant de partir, vous avez jeté 2 boites de conserve et 1 paquet de chips dans un placard entre les shorts et le maillot de bain, 2 tranches de jambon, 3 tomates, 2 yaourts nature et un vieux morceau de fromage dans le frigo.

À la première étape, vous vous dites que c'est sympa de pique-niquer, que la vie est belle, mais qu'il va falloir songer à faire des courses pour demain, au pire après-demain. Déjà les choses se corsent, ni vos placards ni votre réfrigérateur ne sont extensibles.

Vous ne pourrez vous ravitailler que pour deux ou trois jours. Pas la peine d'espérer disposer d'une grande variété d'ingrédients pour varier vos repas et assaisonner vos préparations.

Une fois rentré du supermarché ou de la super petite boutique de producteurs locaux où vous avez bien rempli votre panier, vous vous rendez compte que vous ne disposez pas de dizaines d'ustensiles non plus : 1 poêle, 1 ou 2 casseroles, peut-être une râpe manuelle si vous avez été prévoyant. Tant pis, vous vous arrangerez avec ça, les vacances ne seront pas gâchées pour si peu.

Enfin installé en pleine nature ou au camping, voilà l'heure de préparer le repas avec les bons produits que vous avez dénichés quelques heures plus tôt. Là, vous marchez vite sur les pieds de votre compagnon de route dans les 50 centimètres carrés qu'il reste à disposition pour vous déplacer dans le véhicule. Un plan de travail de 10 centimètres, une plaque gaz 2 ou 3 feux moins puissante qu'à la maison, évidemment pas de four, encore moins de micro-ondes. Ajoutez des enfants qui ont envahi la table avec Playmobils, feutres et cahiers à colorier, un chien et, pour couronner le tout, une bonne averse. Voilà le cadre dans lequel vous allez devoir innover pour préparer quelque chose qui ressemble à un repas. Pas facile, n'est-ce pas ? Vous allez dire que la situation n'est pas si cocasse, que j'exagère. Si peu…

Oui, mais voilà. Moi, j'aime bien manger. Et j'aime tout autant cuisiner. Et en plus, je ne me vois pas voyager autrement qu'en camping-car, parce que, malgré quelques inconvénients, j'adore ! Alors, j'ai développé des astuces, j'ai simplifié mes recettes, je les ai adaptées pour qu'elles soient réalisables :

- dans un petit espace ;
- avec peu d'ustensiles et sans four ;
- un minimum d'ingrédients ;
- en un temps réduit (les ressources énergétiques, gaz et électricité sont aussi très limitées dans un camping-car).

Ce sont toutes mes expériences de camping-cariste et de cuistot en chef dans ma cuisine personnelle que je réunis dans cette série *Cuisine facile*. Ces livres de recettes seront bien évidemment utiles aux camping-caristes, gourmands qu'ils sont, je les connais, mais aussi aux gens qui disposent de peu de moyens et d'espace. Les étudiants et ceux qui s'installent dans une nouvelle vie y trouveront de quoi se faire plaisir et chouchouter leurs invités en un minimum d'efforts et à moindre coût. La ménagère pressée qui a toujours un million de choses à faire et à penser y verra une ressource efficace pour varier les plaisirs sans prise de tête.

L'édition papier de ce livre contient une section « notes personnelles » qui vous permet de consigner votre avis et les ajustements réalisés immédiatement après les consignes de préparation.

Les ustensiles

Pour mener à bien les 46 préparations proposées dans ce recueil, voici la liste des ustensiles nécessaires :

- 1 poêle
- 1 grande casserole ou un faitout
- 1 petite casserole
- 1 saladier
- 1 pied plongeur électrique
- 1 râpe manuelle
- 1 planche
- 2 couteaux de cuisine : 1 grand et 1 petit, 1 économe
- 1 spatule, 1 fouet
- 1 balance de cuisine électronique

Et voilà ! Avouez que c'est plutôt simple et minimaliste.

Pour deux des recettes disponibles dans ce livre, vous pourriez avoir besoin d'un appareil à fondue et raclette. Il n'est pas essentiel, mais appréciable et vous assure un repas convivial autour de la table. Le modèle idéal pour les camping-caristes fonctionne à la bougie et permet de cuisiner fondues et raclettes avec un seul appareil sans consommer ni gaz ni électricité.

Les ingrédients

Pour chacune des recettes disponibles dans ce livre, la liste et le grammage des ingrédients sont donnés pour 2 personnes.

On suppose que vous avez dans votre cuisine quelques ingrédients de base comme : beurre, crème liquide, huile de tournesol, huile d'olive, vinaigre, moutarde, sel, poivre.

Enfin, comme il s'agit ici de cuisiner les fromages français d'Appellation d'Origine Protégée (AOP), spécialités régionales liées à un terroir et à un espace précis, je vous propose souvent des ingrédients que vous pourrez vous procurer dans la région dont est issu le fromage sur lequel se base la recette.

Où acheter votre fromage AOP ?

Bien entendu, vous pouvez trouver les fromages AOP au plus près de votre domicile, chez votre crémier ou même dans les rayons de votre supermarché.

Cependant, vous aurez peut-être envie de joindre l'utile à l'agréable en allant à la rencontre de nos producteurs. Éleveurs bovins, caprins et ovins, fromagers et affineurs fabriquent des fromages de qualité qui raviront votre palais. De l'alimentation du bétail à l'affinage, c'est toute la filière qui est engagée dans la préservation et la transmission d'un savoir-faire authentique au service de l'excellence française en matière de gastronomie.

Les guides suivants vous faciliteront l'organisation de votre prochain *road trip* gourmand à travers l'Hexagone :

Tour de France des fromages AOP en camping-car : road trip gourmand en 97 étapes

Les 46 AOP fromagères de France réunies dans un guide spécialement conçu pour les camping-caristes :

▶ 97 adresses de producteurs, fromagers, affineurs et musées pour déguster et acheter votre fromage en circuit court ;

▶ 66 aires camping-car ;

▶ 31 campings ;

▶ 11 accueils privés directement chez le producteur.

France gourmande : guide des fromages AOP en 97 adresses

Pour les gastronomes qui ne voyagent pas en camping-car, le guide des adresses fromagères suffira !

Au programme, maisons et musées du fromage, boutiques à la ferme, galeries de visite en fromagerie, dégustations, etc.

De bonnes idées pour varier les activités pendant vos vacances ou simplement pour en savoir plus sur ceux qui travaillent près de chez vous.

Les deux titres sont disponibles sur Amazon.

ABONDANCE

Poêlée montagnarde à l'Abondance

Ingrédients pour 2 personnes

- 125 g d'Abondance AOP
- 500 g de pommes de terre
- 125 g de lardons fumés
- ½ oignon
- 1 verre de vin blanc de Savoie type Apremont

Préparation

1 ▶ Épluchez les pommes de terre, lavez-les puis séchez-les, taillez-les en petits dés de 1 cm de côté.

2 ▶ Pelez l'oignon et hachez-le grossièrement.

3 ▶ Faites revenir l'oignon avec une cuillère d'huile de tournesol dans une poêle haute.

4 ▶ Lorsque les oignons sont translucides, ajoutez les lardons, poivrez légèrement.

5 ▶ Rajoutez les pommes de terre et faites dorer un petit quart d'heure.

6 ▶ Mouillez avec le vin blanc, parsemez de fines tranches d'Abondance et laissez cuire 10 minutes de plus à feu doux.

À table !

Servez avec une salade et dégustez avec un verre de blanc de Savoie utilisé dans la recette.

Ma recette

Date : ....

Nombre de personnes à table : ....

Temps de préparation / cuisson : ....

Ingrédients – Ajustement des proportions

.... | ....

.... | ....

.... | ....

Ma préparation

....

....

....

....

....

....

....

Mon avis

Facilité : 👨‍🍳 👨‍🍳 👨‍🍳 👨‍🍳 👨‍🍳

Goût : 😊 😊 😊 😊 😊

À refaire : ❑ oui   ❑ non

BANON

Fougasse aux olives et Banon à la poêle

Ingrédients pour 2 personnes

- 1 Banon AOP
- 100 g d'olives noires de Nyons dénoyautées
- 250 g de farine de blé
- 3 c-à-s d'huile d'olive extra-vierge
- 1 sachet de levure chimique
- 130 g d'eau
- 1/2 c-à-c de sel

Préparation

1 ▶ Dans un saladier, mettez la farine, la levure et le sel.

2 ▶ Creusez un puits au milieu, ajoutez l'huile d'olive et l'eau.

3 ▶ Mélangez pour former une pâte homogène et pétrissez légèrement.

4 ▶ Découpez la pâte obtenue en deux parties égales. Étalez chacune d'elle à la taille de votre poêle.

5 ▶ Parsemez d'olives et de morceaux de Banon l'une des deux abaisses. Recouvrez de la seconde et scellez bien les bords.

6 ▶ Huilez une poêle antiadhésive et faites cuire la fougasse 5 minutes de chaque côté.

À table !

Servez avec une salade de mesclun et un verre de Bandol blanc.

Ma recette

Date : ....

Nombre de personnes à table : ....

Temps de préparation / cuisson : ....

Ingrédients – Ajustement des proportions

.... | ....

.... | ....

.... | ....

Ma préparation

....

....

....

....

....

....

....

Mon avis

Facilité : 👨‍🍳 👨‍🍳 👨‍🍳 👨‍🍳 👨‍🍳

Goût : 😊 😊 😊 😊 😊

À refaire : ❑ oui   ❑ non

BEAUFORT

Salade Coleslaw Savoyarde

Ingrédients pour 2 personnes

- 75 g de Beaufort AOP
- ¼ de chou blanc
- 4 carottes
- ½ pomme Granny-Smith
- Quelques noix
- 1 tranche de pain de campagne
- Moutarde, mayonnaise
- Vinaigre de cidre, huile de noix
- 1 c-à-s de fromage blanc
- 1 blanc de poulet ou 50 g de lardons fumés (facultatif)

Préparation

1 ▶ Préparez l'assaisonnement dans votre saladier en mélangeant ½ c-à-c de moutarde, ½ c-à-c de mayonnaise, 2 c-à-s de vinaigre de cidre, 2 c-à-s d'huile de noix et 1 c-à-s de fromage blanc. Ajoutez un tour de moulin à poivre et goûtez pour ajuster l'assaisonnement selon votre goût.

2 ▶ Découpez le chou blanc en fines tranches après avoir enlevé les feuilles extérieures et le cœur. Râpez grossièrement les carottes. Découpez le Beaufort en petits cubes.

3 ▶ Découpez votre tranche de pain de campagne en dés et faites-les revenir à la poêle dans un peu d'huile d'olive. Salez et poivrez.

4 ▶ Concassez vos noix.

5 ▶ Mélangez dans le saladier la sauce, le chou, les carottes, et le Beaufort.

6 ▶ Pour une salade plus consistante, faites cuire délicatement un blanc de poulet à la poêle dans un peu de matière grasse en assaisonnant de sel et de poivre, ou faites revenir des lardons fumés. Vous pouvez aussi réutiliser des restes d'un poulet froid. Dans les deux cas, tranchez la volaille en fines lamelles.

À table !

Servez la salade sur laquelle vous aurez disposé croutons, noix et poulet ou lardons si besoin. Accompagnez d'un verre de Bugey rouge Gamay.

Ma recette

Date : ....

Nombre de personnes à table : ....

Temps de préparation / cuisson : ....

Mes ajustements

....

....

....

....

Mon avis

Facilité :

Goût :

À refaire : ❑ oui   ❑ non

BLEU D'AUVERGNE

Croque-Auvergnat

Ingrédients pour 2 personnes

- 100 g de Bleu d'Auvergne AOP
- 2 tranches de jambon sec d'Auvergne
- 4 tranches de pain de campagne
- Quelques feuilles de roquette
- 1 poire comice mûre mais ferme
- Beurre
- Huile d'olive

Préparation

1 ▶ Sortez votre beurre du frigo pour le ramollir.

2 ▶ Pelez votre poire, coupez-la en quatre, enlevez le cœur. Découpez en fines tranches.

3 ▶ Tartinez les 4 tranches du pain de campagne d'une noix de beurre.

4 ▶ Sur la partie non beurrée de deux tranches de pain, déposez les ¾ du Bleu d'Auvergne découpé en fines lamelles, des copeaux de jambon sec, quelques tranches de poire et une petite poignée de roquette.

5 ▶ Écrasez le reste du Bleu d'Auvergne avec une noix de beurre et tartinez cette préparation sur l'envers des 2 tranches de pain restantes. Retournez-les sur les premières (partie beurrée vers l'extérieur) pour former votre croque.

6 ▶ Faites chauffer votre poêle à feu moyen avec une c-à-s d'huile d'olive et déposez vos croques sur l'une des faces beurrées. Laissez cuire 3 à 4 minutes puis retournez avec précaution pour une nouvelle cuisson de 2 à 3 minutes.

À table !

Servez avec une salade de roquette et dégustez avec un verre de Saint-Pourçain rosé.

Ma recette

Date : ....

Nombre de personnes à table : ....

Temps de préparation / cuisson : ....

Mes ajustements

....

....

....

....

....

....

....

Mon avis

Facilité :

Goût :

À refaire : ❑ oui ❑ non

BLEU DE GEX

Côtes de porc belles-comtoises

Ingrédients pour 2 personnes

- 100 g de Bleu de Gex AOP
- 2 côtes de porc premières assez épaisses
- 1 tranche de jambon fumé du Haut-Doubs
- 20 cl de Chardonnay du Jura, type L'Étoile blanc
- 2 cuillères à soupe de crème fraîche
- Moutarde, beurre, huile de tournesol
- Piques en bois ou fil alimentaire

Préparation

1 ▶ Incisez les côtes de porc dans leur épaisseur jusqu'à ½ cm de l'os pour former une poche. Y insérer une ½ tranche de jambon fumé et la moitié du Bleu de Gex en fines lamelles.

2 ▶ Refermez avec des pics en bois ou avec un fil alimentaire.

3 ▶ Chauffez votre poêle à feu moyen avec une c-à-s d'huile et une noix de beurre. Faites revenir la viande 5 minutes sur chaque face. Salez et poivrez. Réservez.

4 ▶ Déglacez votre poêle avec le vin blanc jusqu'à demi-évaporation. Ajoutez la crème fraîche, une c-à-c de moutarde et le reste de Bleu râpé. Remuez énergiquement jusqu'à obtenir une sauce bien onctueuse.

5 ▶ Déposez les côtes et leur jus dans la poêle, remuez bien la sauce et laissez 2 minutes sur feu très doux.

À table !

Servez avec des pâtes, des spätzles, des carottes ou des navets déglacés, un célerisotto. Accompagnez d'un verre du vin blanc utilisé dans la recette.

Ma recette

Date : ....

Nombre de personnes à table : ....

Temps de préparation / cuisson : ....

Mes ajustements

....

....

....

....

....

....

....

Mon avis

Facilité : 👨‍🍳 👨‍🍳 👨‍🍳 👨‍🍳 👨‍🍳

Goût : 😊 😊 😊 😊 😊

À refaire : ❏ oui ❏ non

BLEU DES CAUSSES

Viande de l'Aubrac grillée à la sauce au Bleu des Causses

Ingrédients pour 2 personnes

- 2 filets de bœuf ou 2 côtes de veau premières
- 50 g de Bleu des Causses AOP
- 50 g de crème fraîche
- 1 échalote
- Beurre

Préparation

1 ▶ Épluchez l'échalote et émincez-la le plus finement possible.

2 ▶ Faites-la revenir à feu doux dans une casserole avec une noix de beurre.

3 ▶ Ajoutez la crème fraîche puis le Bleu des Causses coupé en petits dés.

4 ▶ Remuez délicatement jusqu'à ce que le fromage soit bien fondu.

5 ▶ Assaisonnez avec un peu de poivre.

6 ▶ Grillez la viande à la poêle bien chaude ou au grill selon vos préférences et réservez quelques minutes avant de servir accompagnée de la sauce au Bleu. Une poêlée de pommes de terre rissolées, de champignons sautés ou de haricots verts frais complètera parfaitement ce plat.

À table !

Cette sauce peut aussi être servie avec des pâtes à la châtaigne agrémentées de champignons poêlés. Elle conviendra aussi parfaitement pour une salade de lentilles froide en rehaussant le tout d'un trait de vinaigre balsamique.

Pour l'accompagner, choisissez un petit verre de vin rouge de Cahors ou de Côtes-de-Bergerac.

Ma recette

Date : ....

Nombre de personnes à table : ....

Temps de préparation / cuisson : ....

Mes ajustements

....

....

....

....

....

....

....

Mon avis

Facilité : ♟ ♟ ♟ ♟ ♟

Goût : ☺ ☺ ☺ ☺ ☺

À refaire : ❑ oui ❑ non

BLEU DU VERCORS-SASSENAGE

Vercouline à la poêle

Ingrédients pour 2 personnes

- 400 g de Bleu du Vercors-Sassenage AOP
- 6 à 8 pommes de terre, type Charlotte ou Amandine
- Un plateau de charcuteries locales, avec saucissons, jambons cru et cuit
- Cornichons, noix, salade

Préparation

1 ▶ Préparez la salade avec une vinaigrette à base de moutarde, vinaigre de cidre et huile de noix. Ajoutez-y quelques noix concassées.

2 ▶ Découpez le Bleu en fines tranches.

3 ▶ Faites cuire les pommes de terre dans une grande casserole ou un faitout d'eau salée. Vérifiez la cuisson régulièrement en plantant une pointe de couteau dans les pommes de terre. Réservez au chaud en laissant un fond d'eau.

4 ▶ Utilisez un appareil à raclette (voir Préambule – Les ustensiles à prévoir) pour faire fondre votre fromage. Ou si vous n'en avez pas, utilisez une poêle antiadhésive.

5 ▶ Pelez vos pommes de terre, découpez-les en fines tranches, et recouvrez de fromage fondu.

À table !

Dégustez avec la charcuterie, quelques noix concassées, un cornichon, comme vous le souhaitez. Accompagnez de salade et d'un verre de Roussette-du-Bugey blanc.

Ma recette

Date : ....

Nombre de personnes à table : ....

Temps de préparation / cuisson : ....

Ingrédients – Ajustement des proportions

.... | ....

.... | ....

.... | ....

Ma préparation

....

....

....

....

....

....

....

Mon avis

Facilité :

Goût :

À refaire : ❑ oui ❑ non

BRIE DE MEAUX

Velouté d'épinards au Brie

Ingrédients pour 2 personnes

- 100 g de Brie de Meaux AOP
- 200 g de pommes de terre
- 150 g d'épinards frais
- 1 oignon
- 500 ml de bouillon de légumes
- Crème fraîche
- 1 tranche de pain de campagne
- Huile d'olive, sel, poivre

Préparation

1 ▶ Découpez la tranche de pain de campagne en dés. Faites chauffer une c-à-s d'huile d'olive dans une poêle et jetez-y les dés de pain pour faire vos croutons. Salez, poivrez et réservez.

2 ▶ Pelez l'oignon et émincez-le finement.

3 ▶ Pelez les pommes de terre et découpez-les en petits cubes.

4 ▶ Nettoyez vos épinards.

5 ▶ Dans une grande casserole ou un faitout, faites revenir l'oignon 3 minutes dans une c-à-s d'huile d'olive.

6 ▶ Ajoutez les pommes de terre et remuez le tout pour enrober ces dernières de matière grasse.

7 ▶ Mouillez d'un demi-litre de bouillon de légumes ou d'un demi-litre d'eau avec un demi-cube de bouillon de légumes déshydraté. Faites cuire 15 minutes à petits bouillons.

8 ▶ Ajoutez les épinards et poursuivez la cuisson 5 minutes.

9 ▶ Mixez le tout au pied plongeur ou passez les légumes au presse-légume. Ajoutez une c-à-s de crème fraîche et la moitié du Brie coupé en petits dés. Mixez de nouveau.

À table !

Servez avec quelques croutons et le reste du Brie en petits dés.

Ma recette

Date : ....

Nombre de personnes à table : ....

Temps de préparation / cuisson : ....

Mes ajustements

....

....

....

....

....

....

Mon avis

Facilité :

Goût :

À refaire : ❑ oui ❑ non

BRIE DE MELUN

Brisotto aux petits légumes

Ingrédients pour 2 personnes

- 60 g de Brie de Melun AOP
- 100 g de riz Arborio
- 1/4 d'oignon
- 50 g de champignons de Paris
- 40 g de petits pois surgelés
- Huile d'olive
- 4 cl de vin blanc sec
- 1 cube de bouillon de légumes
- 2 branches de persil, sel, poivre

Préparation

1 ▶ Épluchez et émincez l'oignon.

2 ▶ Faites chauffer 50 cl d'eau et ajoutez-y le cube de bouillon, mélangez bien.

3 ▶ Faites revenir dans une poêle haute l'oignon dans une c-à-s d'huile d'olive. Salez, poivrez. Mouillez avec le vin blanc et laissez réduire de moitié.

4 ▶ Ajoutez le bouillon à hauteur, remuez avec une spatule et rajoutez insensiblement du bouillon jusqu'à cuisson du riz.

5 ▶ Émincez finement les champignons et déposez-les sur le riz avec les petits pois. Remuez délicatement et laissez à couvert 5 minutes.

6 ▶ Découpez le Brie en petits morceaux, hachez les brins de persil. Ajoutez-les au risotto et remuez jusqu'à ce que le fromage soit bien fondu.

7 ▶ Rectifiez l'assaisonnement avec le sel et le poivre.

À table !

Servir avec un verre de Petit Chablis blanc.

Ma recette

Date : ....

Nombre de personnes à table : ....

Temps de préparation / cuisson : ....

Mes ajustements

....

....

....

....

....

....

....

....

Mon avis

Facilité : 👨‍🍳 👨‍🍳 👨‍🍳 👨‍🍳 👨‍🍳

Goût : 😊 😊 😊 😊 😊

À refaire : ❏ oui   ❏ non

BROCCIU

Mousse de Brocciu frais aux saveurs de Corse

Ingrédients pour 2 personnes

- 200 g de Brocciu AOP
- 10 cl de crème liquide ou fleurette
- 50 g de sucre
- 1 pot de confiture de clémentines corses
- Quelques canistrelli aux agrumes ou à la clémentine

Préparation

1 ▶ Versez deux grosses c-à-s de confiture dans une petite casserole et mouillez avec un peu d'eau. Faites chauffer doucement jusqu'à obtenir une consistance de coulis en ajustant avec l'eau. Laissez refroidir.

2 ▶ Concassez les canistrelli.

3 ▶ Battez la crème en chantilly en y ajoutant le sucre peu à peu.

4 ▶ Détendez le fromage et ajoutez-y la chantilly avec délicatesse.

5 ▶ Montez dans des verrines, petits bols ou autres verres, votre mousse en commençant par le mélange au Brocciu puis le coulis.

6 ▶ Laissez au frigo au moins une heure.

À table !

Servez en ajoutant les brisures de canistrelli sur le dessus. À déguster avec un verre de Muscat du Cap-Corse.

Ma recette

Date : ....

Nombre de personnes à table : ....

Temps de préparation / cuisson : ....

Ingrédients – Ajustement des proportions

.... | ....

.... | ....

.... | ....

Ma préparation

....

....

....

....

....

....

....

Mon avis

Facilité : 👨‍🍳 👨‍🍳 👨‍🍳 👨‍🍳 👨‍🍳

Goût : 😊 😊 😊 😊 😊   À refaire : ❏ oui   ❏ non

BROUSSE DU ROVE

Verrines de Brousse du Rove aux abricots poêlés

Ingrédients pour 2 personnes

- 1 Brousse du Rove AOP
- 250 g d'abricots
- Huile d'olive
- Miel
- Romarin

Préparation

1 ▶ Lavez les abricots, coupez-les en 4.

2 ▶ Dans une casserole, compotez les abricots avec une petite branche de romarin, une c-à-s d'huile d'olive et deux c-à-s de miel. Retirez le romarin. Réservez.

3 ▶ Mélanger la Brousse du Rove avec un c-à-c d'huile d'olive.

4 ▶ Versez ce dernier mélange dans une verrine, un petit bol voire un verre et recouvrez de votre compotée d'abricot.

À table !

Servez avec un verre de Muscat-de-Beaume-de-Venise blanc.

Ma recette

Date : ....

Nombre de personnes à table : ....

Temps de préparation / cuisson : ....

Ingrédients – Ajustement des proportions

.... | ....

.... | ....

.... | ....

Ma préparation

....

....

....

....

....

....

....

Mon avis

Facilité : 👨‍🍳 👨‍🍳 👨‍🍳 👨‍🍳 👨‍🍳

Goût : 😊 😊 😊 😊 😊

À refaire : ❑ oui   ❑ non

CAMEMBERT DE NORMANDIE

Poulet aux saveurs normandes

Ingrédients pour 2 personnes

- 1/2 Camembert AOP au lait cru
- 2 escalopes de poulet
- 1 verre de cidre brut
- 15 cl de crème fraîche épaisse d'Isigny AOP
- 150 g de champignons frais
- 1 échalote
- huile de tournesol, beurre
- sel, poivre

Préparation

1 ▶ Nettoyez les champignons, émincez-les grossièrement.

2 ▶ Pelez l'échalote et découpez-la finement.

3 ▶ Faites revenir à feu moyen l'échalote dans une poêle avec une c-à-c d'huile de tournesol et une noix de beurre. Au bout d'une minute, ajoutez les champignons. Faites-les suer et versez le quart du verre de cidre. Laissez réduire puis réservez.

4 ▶ Découpez les escalopes de poulet en lamelles et faites-les dorer 2 minutes à feu vif dans la même poêle avec une c-à-c d'huile de tournesol et une noix de beurre. Ajoutez le reste de cidre, baissez le feu et laissez réduire de moitié.

5 ▶ Découpez le camembert en dés après lui avoir enlevé la croute.

6 ▶ Ajoutez la crème fraîche à la poêle et, dès qu'elle est chaude, incorporez-y le camembert.

7 ▶ Laissez fondre le fromage et ajoutez les champignons.

À table !

Dégustez avec des pommes vapeur, des pâtes, du riz ou des carottes glacées. Accompagnez d'un verre de Chinon rouge.

Ma recette

Date : ....

Nombre de personnes à table : ....

Temps de préparation / cuisson : ....

Mes ajustements

....

....

....

....

....

....

....

Mon avis

Facilité : 👨‍🍳 👨‍🍳 👨‍🍳 👨‍🍳 👨‍🍳

Goût : 😊 😊 😊 😊 😊   À refaire : ❑ oui   ❑ non

CANTAL

Aligot au Cantal Entre-Deux

Ingrédients pour 2 personnes

- 200 g de Cantal Entre-Deux AOP
- 500 g de pommes de terre type Bintje, Caesar, Marabel
- 1 gousse d'ail
- 5 cl crème fraiche liquide
- 25 g beurre demi-sel
- Sel, poivre

Préparation

1 ▶ Râpez le Cantal Entre-Deux

2 ▶ Pelez les pommes de terre, lavez-les et coupez-les en gros tronçons ou cubes. Faites-les cuire dans une grande casserole ou un faitout rempli d'eau salée. À mi-cuisson, ajoutez l'ail.

3 ▶ Égouttez-les, retirez l'ail, et réduire les pommes de terre en purée.

4 ▶ Écrasez l'ail, le remettre dans la casserole, ajoutez la purée, la crème fraîche, le beurre et faites chauffer à feu doux en remuant à la spatule.

5 ▶ Ajoutez le Cantal râpé par petites poignées, continuez à mélanger jusqu'à ce qu'il fonde et recommencez jusqu'à ce qu'il n'y en ait plus. Arrêtez la cuisson lorsque la préparation fait de longs filets.

6 ▶ Assaisonnez avec le sel et le poivre à votre convenance.

À table !

Dégustez avec des charcuteries auvergnates et une salade d'endives aux noix. Accompagnez d'un verre de Saint-Pourçain rouge.

Ma recette

Date : ....

Nombre de personnes à table : ....

Temps de préparation / cuisson : ....

Mes ajustements

....

....

....

....

....

....

....

Mon avis

Facilité : 👨‍🍳 👨‍🍳 👨‍🍳 👨‍🍳 👨‍🍳

Goût : 😊 😊 😊 😊 😊

À refaire : ❑ oui ❑ non

CHABICHOU DU POITOU

Taboulé frais de l'été au Chabichou

Ingrédients pour 2 personnes

- 100 g de Chabichou du Poitou AOP
- 100 g de semoule
- ½ citron
- ½ oignon rouge
- ¼ melon
- 100 g de tomates cerises
- Persil plat, feuilles de menthe
- Huile d'olive, sel et poivre du moulin

Préparation

1 ▶ Portez de l'eau à ébullition.

2 ▶ Mettez la semoule dans un saladier, ajoutez-y une c-à-s d'huile d'olive, salez, poivrez, mélangez et recouvrez d'eau bouillante. Couvrez le saladier.

3 ▶ Au bout de 5 minutes, égrainez la semoule à la fourchette et mettez au frais.

4 ▶ Pelez l'oignon rouge. Découpez-en une moitié en très fines lamelles.

5 ▶ Lavez les tomates-cerises et coupez-les en deux.

6 ▶ Faites des billes ou des dés de melon.

7 ▶ Émincer quelques feuilles de menthe et de persil.

8 ▶ Découpez les Chabichous en petits dés.

9 ▶ Ajoutez tous ces ingrédients à la semoule refroidie et mélangez délicatement. Assaisonnez d'huile d'olive et de jus de citron à votre goût.

À table !

Dégustez avec un verre de Sancerre rosé.

Ma recette
Date : ....

Nombre de personnes à table : ....

Temps de préparation / cuisson : ....

Mes ajustements

....

....

....

....

....

....

....

....

Mon avis

Facilité : ♟ ♟ ♟ ♟ ♟

Goût : ☺ ☺ ☺ ☺ ☺

À refaire : ❑ oui ❑ non

CHAOURCE

Noix de Saint-Jacques aux petits légumes et sa sauce au Chaource

Ingrédients pour 2 personnes

- 50 g de Chaource AOP
- 6 coquilles Saint-Jacques
- 1 carotte
- ½ courgette
- Quelques feuilles de cresson
- 5 cl de lait
- Huile d'olive, sel, poivre

Préparation

1 ▶ Coupez-le Chaource en dés.

2 ▶ Versez le lait dans une petite casserole, ajoutez le fromage, et faites chauffer à feu doux. Poivrez et réservez.

3 ▶ Pelez la carotte, découpez-la en petits dés. Faites de même avec la ½ courgette.

4 ▶ Poêlez les légumes dans un peu d'huile d'olive. Arrêtez la cuisson en gardant du croquant aux légumes. Salez, poivrez et réservez.

5 ▶ Snackez rapidement dans la même poêle les noix de Saint-Jacques avec un filet d'huile d'olive. Salez, poivrez.

À table !

Servez les coquilles sur un lit de légumes croquants et entourées de sauce au Chaource. Dégustez avec un verre de Chablis blanc.

Ma recette

Date : ....

Nombre de personnes à table : ....

Temps de préparation / cuisson : ....

Ingrédients – Ajustement des proportions

.... | ....

.... | ....

.... | ....

Ma préparation

....

....

....

....

....

....

....

Mon avis

Facilité :

Goût :

À refaire : ❑ oui   ❑ non

CHAROLAIS

Samossa pommes poêlées et Charolais

Ingrédients pour 2 personnes

- ½ Charolais AOP
- 2 pommes type Ariane, Golden voire Pink Lady
- 2 feuilles de brick
- Miel
- Beurre, huile d'olive

Préparation

1 ▶ Pelez les pommes, coupez-les en 8 quartiers, poêlez-les dans un peu de beurre à feu moyen. Ajoutez une c-à-s de miel en fin de cuisson pour caraméliser l'ensemble.

2 ▶ Découper le Charolais en fines lamelles.

3 ▶ Coupez les feuilles de brick en deux, repliez-les dans la longueur. Déposez quatre quartiers de pommes caramélisées au bout de la feuille, puis quelques tranches de fromage et pliez vos demi-feuilles en 4 samossas.

4 ▶ Mettez une c-à-s d'huile d'olive et une noix de beurre dans la poêle et faites cuire les samossas 3 à 4 minutes de chaque côté sur feu doux à moyen.

À table !

Servez bien chaud et croustillant avec un verre de Chablis blanc.

Ma recette

Date : ....

Nombre de personnes à table : ....

Temps de préparation / cuisson : ....

Ingrédients — Ajustement des proportions

.... | ....

.... | ....

.... | ....

Ma préparation

....

....

....

....

....

....

....

Mon avis

Facilité : 👨‍🍳 👨‍🍳 👨‍🍳 👨‍🍳 👨‍🍳

Goût : 😊 😊 😊 😊 😊

À refaire : ❑ oui ❑ non

CHEVROTIN

Gnocchi'flette aux épinards et Chevrotin

Ingrédients pour 2 personnes

- ½ Chevrotin AOP
- 400 g de gnocchi
- 200 g d'épinards
- 1 échalote
- 15 cl de crème liquide
- Un peu de sarriette ou de thym frais
- Huile d'olive, sel, poivre

Préparation

1 ▶ Tranchez le Chevrotin en fines lamelles.

2 ▶ Portez une casserole d'eau salée à ébullition et plongez-y les gnocchis pendant 3 minutes. Égouttez-les.

3 ▶ Émincez l'échalote. Poêlez-la avec les épinards à feu vif dans une c-à-s d'huile d'olive pendant 2 à 3 minutes.

4 ▶ Ajoutez les gnocchis, la crème liquide, mélangez délicatement. Déposez le fromage sur le dessus, couvrez et laissez cuire 5 minutes à feu doux.

À table !

Dégustez avec un verre de Roussette de Savoie blanc.

Ma recette

Date : ....

Nombre de personnes à table : ....

Temps de préparation / cuisson : ....

Ingrédients – Ajustement des proportions

.... | ....

.... | ....

.... | ....

Ma préparation

....

....

....

....

....

....

....

Mon avis

Facilité : 👨‍🍳 👨‍🍳 👨‍🍳 👨‍🍳 👨‍🍳

Goût : 😊 😊 😊 😊 😊

À refaire : ❏ oui ❏ non

COMTÉ

Poêlée franc-comtoise

Ingrédients pour 2 personnes

- 50 g de Comté AOP
- 400 g de pommes de terre
- ½ oignon rouge
- 1 saucisse de Morteau ou Montbéliard
- 20 cl de crème fraîche
- 100 g de lardons fumés

Préparation

1 ▶ Faites cuire la saucisse dans une grande casserole d'eau frémissante pendant environ 20 minutes.

2 ▶ Ajoutez les pommes de terre coupées en tranches épaisses au bout de 10 minutes.

3 ▶ Surveillez la cuisson des pommes de terre en plantant un couteau. Lorsqu'elles sont cuites, égouttez-les, ainsi que la saucisse.

4 ▶ Dans une poêle, faites dorer les oignons émincés avec les lardons.

5 ▶ Ajoutez la saucisse coupée en gros dés, les pommes de terre, la crème fraîche et le comté râpé. Prolongez la cuisson jusqu'à ce que le fromage soit bien fondu.

À table !

Dégustez ce plat avec une salade et un verre d'Arbois rouge.

Ma recette

Date : ....

Nombre de personnes à table : ....

Temps de préparation / cuisson : ....

Ingrédients – Ajustement des proportions

.... | ....

.... | ....

.... | ....

Ma préparation

....

....

....

....

....

....

....

Mon avis

Facilité :

Goût :   À refaire : ❑ oui   ❑ non

CROTTIN DE CHAVIGNOL

Wok de bœuf au fenouil et crottin de Chavignol

Ingrédients pour 2 personnes

- 1 petit crottin de Chavignol sec AOP
- 200 g de rumsteck
- 1 petit bulbe de fenouil
- ½ oignon rouge
- Brins de ciboulette
- Vinaigre balsamique, huile d'olive
- Sel, poivre

Préparation

1 ▶ Découpez le rumsteck en lamelles.

2 ▶ Émincez finement l'oignon rouge, ainsi que le fenouil. Ciselez quelques brins de ciboulette.

3 ▶ Émiettez le crottin.

4 ▶ Dans un wok ou une poêle, faites chauffer une c-à-s d'huile d'olive, ajoutez l'oignon et le fenouil et faites cuire pendant 3 minutes en remuant régulièrement. Rajoutez le bœuf et poursuivre la cuisson 2 minutes.

5 ▶ Ôtez du feu, ajoutez une c-à-c de vinaigre balsamique, mélangez.

À table !

Servez dans une assiette, disposez le chèvre émietté dessus et accompagnez de riz ou de nouilles sautées. Dégustez avec un verre de Sancerre blanc AOC.

Ma recette

Date : ....

Nombre de personnes à table : ....

Temps de préparation / cuisson : ....

Ingrédients – Ajustement des proportions

.... | ....
.... | ....
.... | ....

Ma préparation

....

....

....

....

....

....

....

Mon avis

Facilité : 👨‍🍳 👨‍🍳 👨‍🍳 👨‍🍳 👨‍🍳

Goût : 😊 😊 😊 😊 😊

À refaire : ❑ oui ❑ non

ÉPOISSES

Œuf meurette, crème d'Époisses

Ingrédients pour 2 personnes

- 125 g d'Époisses AOP
- 4 œufs extrafrais
- 250 cl de crème liquide
- 5 cl de vin blanc
- 1 échalote
- Tranches de pain de campagne
- Beurre
- Vinaigre, poivre

Préparation

1 ▶ Dans une casserole, faites revenir l'échalote hachée finement avec une noix de beurre. Ajoutez le vin blanc et laissez réduire 2 minutes.

2 ▶ Couper l'Époisses en petits cubes et ajoutez-les dans la casserole. Laissez le fromage fondre et versez la crème fraîche. Montez à ébullition.

3 ▶ Stoppez la cuisson et lissez le tout avec un mixeur plongeant.

4 ▶ Poêlez vos tranches de pain dans une c-à-s d'huile pour leur donner du croustillant.

5 ▶ Pochez vos œufs dans une grande casserole d'eau vinaigrée portée à ébullition pendant 2 à 3 minutes.

À table !

Dans une assiette creuse ou un grand bol, versez la crème d'Époisses, déposez délicatement deux œufs pochés et accompagnez d'une tranche de pain toasté. Dégustez avec un verre de Chablis blanc.

Ma recette

Date : ....

Nombre de personnes à table : ....

Temps de préparation / cuisson : ....

Mes ajustements

....

....

....

....

....

....

....

....

Mon avis

Facilité : ♟ ♟ ♟ ♟ ♟

Goût : ☺ ☺ ☺ ☺ ☺   À refaire : ❑ oui   ❑ non

FOURME D'AMBERT

Rillettes de thon à la Fourme d'Ambert

Ingrédients pour 2 personnes

- 50 g de Fourme d'Ambert AOP
- 150 g de thon au naturel en conserve
- ½ échalote finement hachée
- Ciboulette finement hachée
- ¼ c-à-c de piment d'Espelette
- Jus d'un quart de citron jaune
- Poivre 5 baies

Préparation

1 ▶ Dans un grand bol ou un petit saladier, déposez le thon égoutté, la Fourme d'Ambert émiettée, l'échalote et la ciboulette finement ciselées, le piment, le jus de citron et un tour de moulin de poivre 5 baies.

2 ▶ Écrasez le tout à la fourchette afin d'obtenir une consistance de rillettes.

À table !

Dégustez avec des gressins, sur des toasts ou sur des feuilles d'endives. Accompagnez d'un verre de Saint-Pourçain blanc.

Ma recette

Date : ....

Nombre de personnes à table : ....

Temps de préparation / cuisson : ....

Ingrédients – Ajustement des proportions

.... | ....

.... | ....

.... | ....

Ma préparation

....

....

....

....

....

....

....

Mon avis

Facilité : 👨‍🍳 👨‍🍳 👨‍🍳 👨‍🍳 👨‍🍳

Goût : 😊 😊 😊 😊 😊

À refaire : ❏ oui ❏ non

FOURME DE MONTBRISON

Toast avocat et Fourme de Montbrison

Ingrédients pour 2 personnes

- 50 g de Fourme de Montbrison AOP
- 2 tranches de pain de campagne
- 1 avocat mûr
- Sel, poivre, citron

Préparation

1 ▶ Toastez vos tranches de pain dans une poêle légèrement huilée.

2 ▶ Répartir la Fourme sur la totalité de votre toast.

3 ▶ Découpez l'avocat en fines lamelles. Citronnez légèrement.

4 ▶ Déposez les lamelles d'avocat sur les toasts, salez et poivrez.

À table !

Pour un peu plus d'originalité, parsemez de tranches fines de truite fumée ou de jambon cru du Forez, de quelques feuilles de roquettes et d'un trait de vinaigre balsamique.

Dégustez avec un verre de Coteaux du Layon.

Ma recette

Date : ....

Nombre de personnes à table : ....

Temps de préparation / cuisson : ....

Ingrédients – Ajustement des proportions

.... | ....

.... | ....

.... | ....

Ma préparation

....

....

....

....

....

....

....

Mon avis

Facilité : 🎩 🎩 🎩 🎩 🎩

Goût : 😊 😊 😊 😊 😊

À refaire : ☐ oui ☐ non

LAGUIOLE

Salade salée sucrée de chou blanc au Laguiole

Ingrédients pour 2 personnes

- 80 g de Laguiole AOP
- ¼ de chou blanc
- Quelques grains de raisins blancs
- 50 g de cerneaux de noix
- 50 g de lardons allumettes
- Huile de noix, vinaigre de vin, vinaigre balsamique
- Sel et poivre du moulin

Préparation

1 ▶ Émincez finement le chou blanc.

2 ▶ Coupez le Laguiole en dés.

3 ▶ Poêlez les lardons à feu vif et déglacez avec une c-à-c de vinaigre balsamique.

4 ▶ Coupez les grains de raisins en quatre.

5 ▶ Préparez la vinaigrette dans un saladier avec le vinaigre de vin, l'huile de noix, du sel et du poivre. Ajoutez le chou, le Laguiole, les lardons, les raisins et mélangez délicatement.

À table !

Servez dans une belle assiette et accompagnez d'un verre de Côtes d'Auvergne rouge.

Ma recette

Date : ....

Nombre de personnes à table : ....

Temps de préparation / cuisson : ....

Ingrédients – Ajustement des proportions

.... | ....

.... | ....

.... | ....

Ma préparation

....

....

....

....

....

....

....

Mon avis

Facilité :

Goût :   À refaire : ☐ oui   ☐ non

LANGRES

Andouillettes de Troyes et sa purée au Langres

Ingrédients pour 2 personnes

- ¼ fromage de Langres AOP
- 2 andouillettes de Troyes
- 500 g de pommes de terre
- 10 g de beurre
- 8 cl de lait
- 8 cl de crème
- 1 petit verre de vin de Haute-Marne blanc
- Moutarde, sel

Préparation

1 ▶ Pelez les pommes de terre, lavez-les et découpez-les en tronçons ou gros cubes.

2 ▶ Faites-les cuire dans une grande casserole ou un faitout d'eau salée pendant 15 à 20 minutes.

3 ▶ Pendant la cuisson des pommes de terre, faites chauffer le lait et la crème dans une casserole, et incorporez-y le Langres coupé en petits morceaux. Laissez fondre ce dernier.

4 ▶ Passez vos pommes de terre au presse-purée, remettez-les dans votre casserole et incorporez le mélange au fromage en utilisant un fouet. Assaisonnez de sel à votre convenance.

5 ▶ Saisissez vos andouillettes à la poêle pendant 2 à 3 minutes sur toutes les faces, puis baissez le feu et déglacez avec un peu de vin blanc et une tombée de moutarde. Laissez cuire une dizaine de minutes.

À table !

Servez l'andouillette avec la purée accompagnée de la sauce moutarde. Versez-vous un verre de vin de Haute-Marne blanc, pour ne pas gaspiller ce qu'il reste après cuisson des andouillettes 😊.

Ma recette

Date : ....

Nombre de personnes à table : ....

Temps de préparation / cuisson : ....

Mes ajustements

....

....

....

....

....

....

....

Mon avis

Facilité : 👨‍🍳 👨‍🍳 👨‍🍳 👨‍🍳 👨‍🍳

Goût : 😊 😊 😊 😊 😊

À refaire : ❑ oui ❑ non

LIVAROT

Cuisses de poulet du pays d'Auge sucrées salées au Livarot

Ingrédients pour 2 personnes

- ½ Livarot AOP
- 2 cuisses entières de poulet fermier du Pays d'Auge
- 4 pommes de terre de taille moyenne
- 1 pomme fruit
- 2 carottes
- 1 oignon
- 10 cl de crème liquide
- 1 c-à-c de fond de volaille ou un cube de bouillon de volaille
- ¼ litre de cidre
- 1 cuillère à soupe de calvados (facultatif)
- Huile de tournesol, beurre
- 1 branche de thym frais, sel et poivre

Préparation

1 ▶ Découpez vos deux cuisses de poulet à la jointure pour obtenir 4 morceaux.

2 ▶ Faites-les dorer dans un faitout avec une c-à-s d'huile et une noix de beurre pendant 5 à 10 minutes. Réservez.

3 ▶ Pelez la pomme et les carottes, découpez-les en gros tronçons. Émincez l'oignon.

4 ▶ Enlevez la croute du Livarot et coupez-le en morceaux.

5 ▶ Faites revenir pendant 3 minutes les légumes dans le faitout débarrassé du poulet.

6 ▶ Remettez les morceaux de poulet, la c-à-s de calvados (facultatif), le cidre et la crème et poursuivez la cuisson à feu

doux pendant 30 minutes. Ajoutez le Livarot au bout de 15 minutes de cuisson.

7 ▶ Pelez les pommes de terre, lavez-les et coupez en quatre dans la longueur.

8 ▶ Dans une poêle, faites-les revenir sur toutes les faces dans un c-à-s d'huile et une noix de beurre. Recouvrez d'eau à moitié, ajoutez le cube de bouillon de volaille ou la c-à-c de fond de volaille et une branche de thym. Cuisez une dizaine de minutes et vérifiez la cuisson avec une pointe de couteau.

À table !

Servez la volaille bien arrosée de sauce avec les pommes de terre. Accompagnez d'un verre de Chinon rouge.

Ma recette

Date : ....

Nombre de personnes à table : ....

Temps de préparation / cuisson : ....

Mes ajustements

....

....

....

Mon avis

Facilité : ♟ ♟ ♟ ♟ ♟

Goût : ☺ ☺ ☺ ☺ ☺   À refaire : ❑ oui   ❑ non

MÂCONNAIS

Salade César au Mâconnais sec

Ingrédients pour 2 personnes

- 50 g de Mâconnais sec AOP
- 1 salade romaine
- 1 petite poignée de pousses d'épinards
- 4 filets d'anchois
- 2 œufs extrafrais
- 1 jaune d'œuf extrafrais
- ½ gousse d'ail
- 50 g de croutons
- Jus de citron
- Moutarde, sauce Worcestershire
- Huile d'olive, persil, poivre

Préparation

1 ▶ Plongez les 2 œufs dans de l'eau bouillante salée pendant 6 minutes. Stoppez la cuisson en les mettant dans de l'eau très froide. Attendre 2 à 3 minutes et écalez-les.

2 ▶ Préparez la sauce dans un grand saladier en mixant au pied plongeur les 2 filets d'anchois, l'ail, le jaune d'œuf, une c-à-c de moutarde, un filet de jus de citron, une ½ c-à-c de sauce Worcestershire et 2 c-à-s d'huile d'olive. Poivrez.

3 ▶ Lavez votre salade et vos épinards. Séchez-les et ajoutez-les dans le saladier. Mélangez délicatement.

4 ▶ Coupez des copeaux de Mâconnais sec.

5 ▶ Coupez les 2 derniers filets d'anchois en petits dés.

À table !

Servez à l'assiette votre salade assaisonnée surmontée de croutons, de copeaux de fromage, de dés d'anchois et de l'œuf-mollé coupé en deux. Accompagnez d'un verre de Bourgogne rosé.

Ma recette

Date : ....

Nombre de personnes à table : ....

Temps de préparation / cuisson : ....

Mes ajustements

....

....

....

....

....

....

....

Mon avis

Facilité : ♟ ♟ ♟ ♟ ♟

Goût : ☺ ☺ ☺ ☺ ☺   À refaire : ❏ oui ❏ non

MAROILLES

Moules à la sauce Maroilles

Ingrédients pour 2 personnes

- ½ Maroilles AOP
- 1 kilo de moules nettoyées
- ½ branche de céleri
- ½ oignon
- 40 cl de vin blanc
- 1 c. à soupe de crème fraîche

Préparation

1 ▶ Déposez vos moules dans un grand saladier d'eau salée. Éliminez celles qui restent ouvertes même lorsque vous tapotez dessus.

2 ▶ Faites cuire pendant 5 minutes les moules égouttées dans un grand faitout, avec l'oignon émincé, la branche de céleri coupée en gros tronçons et 30 cl de vin blanc.

3 ▶ Versez dans une casserole la crème fraîche, 10 cl de vin blanc et le Maroilles. Faites fondre le fromage à feu doux.

4 ▶ Égouttez une bonne partie du jus de cuisson des moules dans un saladier. Ajoutez la sauce au Maroilles sur les coquillages et mélangez délicatement. Délayez si besoin avec un peu de jus de cuisson.

À table !

Servez bien chaud et accompagnez d'un verre de Bourgogne blanc type Meursault, Puligny-Montrachet ou Givry.

PS : Le jus de cuisson des moules peut vous servir à faire un risotto pour accompagner cette entrée et ainsi la transformer en plat de résistance.

Ma recette

Date : ....

Nombre de personnes à table : ....

Temps de préparation / cuisson : ....

Mes ajustements

....

....

....

....

....

....

....

....

Mon avis

Facilité :

Goût :   À refaire : ❑ oui ❑ non

MONT-D'OR

Fondue au Mont d'Or

Ingrédients pour 2 personnes

- 1 Mont d'Or AOP
- 1 verre de vin blanc
- 1 gousse d'ail

Préparation

1 ▶ Coupez le Mont d'Or en petits morceaux.

2 ▶ Frottez votre caquelon à fondue, ou votre casserole, avec la gousse d'ail.

3 ▶ Mettre le fromage dans le récipient, puis ajoutez le vin blanc et la gousse d'ail écrasée.

4 ▶ Faites fondre à feu doux jusqu'à ce que le fromage file.

5 ▶ Déposez le caquelon sur votre appareil à fondue.

À table !

Installez-vous autour de votre appareil à fondue (voir Préambule – Les ustensiles à prévoir) et dégustez avec des croutons de pain trempée dans la préparation.

Accompagnez avec un verre de vin d'Arbois blanc.

Ma recette

Date : ....

Nombre de personnes à table : ....

Temps de préparation / cuisson : ....

Ingrédients – Ajustement des proportions

.... | ....

.... | ....

.... | ....

Ma préparation

....

....

....

....

....

....

....

Mon avis

Facilité :

Goût :

À refaire : ❏ oui   ❏ non

MORBIER

Risotto aux champignons frais et Morbier

Ingrédients pour 2 personnes

- 50 g de Morbier AOP
- 150 g de riz à risotto type Carnaroli ou Arborio
- 100 g de pleurotes, de girolles ou de cèpes
- 100 g de champignons de Paris
- ½ oignon
- ½ échalote
- Crème fraîche
- ½ cube de bouillon de volaille
- Vin blanc sec de type vin d'Arbois ou Côte du Jura
- Huile d'olive, sel, poivre, persil plat

Préparation

1 ▶ Émincez finement l'échalote. Nettoyez les champignons et coupez-les en quartiers. Faites revenir l'ensemble dans une poêle chaude avec une c-à-s d'huile d'olive. Ajoutez le persil grossièrement haché en fin de cuisson. Réservez.

2 ▶ Portez à ébullition un demi-litre d'eau et y faire fondre le cube de bouillon de volaille.

3 ▶ Émincez finement l'oignon.

4 ▶ Dans la poêle de cuisson des champignons, remettez une c-à-s d'huile d'olive, faites-y revenir les oignons 1 à 2 minutes avec une pincée de sel.

5 ▶ Ajoutez le riz et l'enrober de matière grasse pour le nacrer. Mouiller avec un petit verre de vin blanc.

6 ▶ Laissez réduire presque entièrement puis mouillez avec le bouillon à hauteur. Mélangez bien puis laissez mijoter 15 à

20 minutes en surveillant la cuisson et en mouillant régulièrement dès l'absorption du liquide.

7 ▶ Hors du feu, ajoutez les champignons, le Morbier en petits dés et une c-à-s de crème fraîche. Mélanger délicatement jusqu'à ce que le fromage soit bien fondu.

À table !

Servir bien chaud, accompagné d'un verre du vin que vous aurez utilisé pour la cuisson.

Ma recette

Date : ....

Nombre de personnes à table : ....

Temps de préparation / cuisson : ....

Mes ajustements

....

....

....

....

....

Mon avis

Facilité : 👨‍🍳 👨‍🍳 👨‍🍳 👨‍🍳 👨‍🍳

Goût : 😊 😊 😊 😊 😊   À refaire : ❑ oui   ❑ non

MUNSTER

Soupe de céleri-rave au Munster

Ingrédients pour 2 personnes

- ½ petit Munster AOP pas trop fait
- ½ petit bulbe de céleri-rave
- ½ poireau
- 1 pomme de terre
- 50 g de lardons fumés
- 1 tablette de bouillon de volaille
- 1 c-à-s de graines de cumin
- Huile, beurre
- Persil, sel et poivre

Préparation

1 ▶ Épluchez le céleri et la pomme de terre. Lavez-les et coupez-les en dés. Lavez le poireau et émincez-le.

2 ▶ Dans une grande casserole ou un faitout, faites revenir dans une c-à-s d'huile et une noix de beurre, le poireau et les lardons pendant 5 minutes.

3 ▶ Ajoutez le céleri et la pomme de terre et couvrir de 60 cl d'eau. Rajoutez le cube de bouillon et laissez cuire entre 20 et 30 minutes.

4 ▶ Mixez cette soupe au pied plongeur.

5 ▶ Grattez le Munster et découpez-le en dés.

À table !

Servez la soupe avec des cubes de Munster, quelques graines de cumin et feuilles de persil hachées. Accompagnez d'un verre de Pinot Gris d'Alsace.

Ma recette

Date : ....

Nombre de personnes à table : ....

Temps de préparation / cuisson : ....

Ingrédients – Ajustement des proportions

.... | ....

.... | ....

.... | ....

Ma préparation

....

....

....

....

....

....

....

Mon avis

Facilité :

Goût :   À refaire : ❑ oui   ❑ non

NEUFCHÂTEL

Millefeuille de pain d'épices au Neufchâtel

Ingrédients pour 2 personnes

- 1 fromage de Neufchâtel AOP de 100 g (bonde)
- 4 tranches de pain d'épices
- 2 pommes acidulées (Boskop)
- 1 c-à-c de miel
- Quelques brins de thym frais
- Huile, beurre

Préparation

1 ▶ Pelez les pommes, enlevez le cœur avec les pépins et coupez des tranches d'un demi-centimètre d'épaisseur.

2 ▶ Poêlez-les dans du beurre en finissant avec une cuillère de miel pour les caraméliser.

3 ▶ Montez le millefeuille en commençant par le pain d'épice, la moitié des tronçons de pommes caramélisées, la moitié du Neufchâtel coupé en fines tranches et une nouvelle tranche de pain d'épices. Répétez l'opération pour monter le second millefeuille.

4 ▶ Dans la même poêle, faites chauffer à feu doux une c-à-s d'huile et une noix de beurre.

5 ▶ Déposez-y les deux millefeuilles et laissez cuire doucement 2 minutes sur chaque face. Soyez précautionneux au retournement.

À table !

Servez tiède avec un verre de Coteaux du Layon.

Ma recette

Date : ....

Nombre de personnes à table : ....

Temps de préparation / cuisson : ....

Ingrédients – Ajustement des proportions

.... | ....

.... | ....

.... | ....

Ma préparation

....

....

....

....

....

....

....

Mon avis

Facilité :

Goût :

À refaire : ❏ oui   ❏ non

OSSAU-IRATY

Salade basque au lomo séché et à l'Ossau-Iraty

Ingrédients pour 2 personnes

- 60 g d'Ossau-Iraty AOP
- 8 fines tranches de lomo de porc ou 2 tranches de jambon Kintoa AOP
- 2 pommes de terre
- 1 poire
- 2 poignées de mâche
- Pignons de pin
- Huile de tournesol, huile d'olive
- Vinaigre balsamique, miel
- Sel, poivre

Préparation

1 ▶ Épluchez les pommes de terre, lavez-les et coupez-les en dés. Faites-les rissoler à la poêle dans l'huile de tournesol. Salez, poivrez et réservez.

2 ▶ Lavez la mâche et séchez-la.

3 ▶ Pelez la poire, enlevez le cœur avec les pépins et coupez-la en quatre, puis en fines lamelles.

4 ▶ Découpez le lomo ou le jambon en petits pétales.

5 ▶ Préparez la vinaigrette avec une c-à-c de miel, 2 c-à-s de vinaigre balsamique et 4 c-à-s d'huile d'olive. Salez, poivrez.

À table !

Présentez dans une assiette la mâche, les pommes de terre rissolées, les pétales de lomo ou de jambon, les lamelles de poire, quelques pignons de pin. Arrosez généreusement de vinaigrette et dégustez avec un verre d'Irouléguy rouge.

Ma recette

Date : ....

Nombre de personnes à table : ....

Temps de préparation / cuisson : ....

Mes ajustements

....

....

....

....

....

....

....

Mon avis

Facilité : 👨‍🍳 👨‍🍳 👨‍🍳 👨‍🍳 👨‍🍳

Goût : 😊 😊 😊 😊 😊   À refaire : ❑ oui ❑ non

PÉLARDON

Rond de polenta grillé au Pélardon

Ingrédients pour 2 personnes

- 1 Pélardon AOP
- 100 g de polenta
- 200 g de tomates cerises
- 1 poignée de roquette
- 250 ml de lait
- 250 ml d'eau
- 1/2 cube de bouillon de volaille
- Pignons de pin
- Huile d'olive, sel, poivre du moulin

Préparation

1 ▶ Faites bouillir le lait et l'eau dans une grande casserole ou un faitout. Ajoutez le cube de bouillon de volaille.

2 ▶ Versez en pluie la polenta dans les liquides et laissez cuire 3 minutes en remuant constamment à la spatule.

3 ▶ Transvasez la polenta dans un plat carré ou rectangulaire sur une épaisseur d'environ 1 à 2 cm et laissez refroidir.

4 ▶ Découpez des ronds de polenta avec un verre.

5 ▶ Torréfiez les pignons de pin 3 minutes dans une poêle chaude. Réservez.

6 ▶ Poêlez les ronds de polenta dans l'huile d'olive sur les deux faces jusqu'à ce qu'ils soient bien dorés.

7 ▶ Dans la même poêle, faites ensuite revenir les tomates cerises dans l'huile d'olive. Salez, poivrez.

À table !

Dans une assiette, déposez les ronds de polenta surmontés de tomates cerises poêlées et parsemez de fines tranches de Pélardon. Décorez avec quelques feuilles de roquettes et les pignons torréfiés. Accompagnez d'un verre de Côtes du Rhône Villages blanc ou rosé.

Ma recette

Date : ....

Nombre de personnes à table : ....

Temps de préparation / cuisson : ....

Mes ajustements

....

....

....

....

....

....

Mon avis

Facilité : 👨‍🍳 👨‍🍳 👨‍🍳 👨‍🍳 👨‍🍳

Goût : 😋 😋 😋 😋 😋   À refaire : ❑ oui   ❑ non

PICODON

Pain perdu salé au Picodon

Ingrédients pour 2 personnes

- 2 Picodons AOP
- 4 belles tranches de pain de campagne
- 2 œufs
- 20 cl de lait
- Thym frais, 1 pincée d'herbes de Provence
- Huile, beurre
- Sel, poivre

Préparation

1 ▶ Découpez les Picodons en 2 ou 3 dans l'épaisseur.

2 ▶ Mélangez les œufs, le lait et les herbes de Provence dans un plat large. Salez, poivrez.

3 ▶ Faites tremper les tranches de pain de campagne dans cette préparation en imbibant bien des deux côtés.

4 ▶ Dans une poêle, dorez les tranches de pains dans une c-à-s d'huile et une noix de beurre.

5 ▶ Dès que la première face est cuite, retournez 2 tranches de pain. Posez les Picodons sur la partie grillée, ajoutez un peu de thym frais et recouvrez de la seconde tranche de pain avec la partie non cuite sur le dessus. Finissez la cuisson en retournant le tout sur la dernière face à dorer.

À table !

Servez chaud avec une salade de mesclun et accompagnez d'un verre de Crozes-Hermitage blanc.

Ma recette

Date : ....

Nombre de personnes à table : ....

Temps de préparation / cuisson : ....

Ingrédients – Ajustement des proportions

.... | ....

.... | ....

.... | ....

Ma préparation

....

....

....

....

....

....

....

Mon avis

Facilité :

Goût :

À refaire : ❑ oui ❑ non

PONT-L'ÉVÊQUE

Légumes croquants et crème de Pont-l'Évêque

Ingrédients pour 2 personnes

- 100 g de Pont-l'Évêque AOP
- 1 c-à-s de crème fraîche
- 1 botte de radis rose
- 1 concombre
- 3 carottes
- Tomates cerises

Préparation

1 ▶ Préparez la sauce en faisant fondre le Pont-l'Évêque avec la crème fraîche.

2 ▶ Mixez au pied plongeur et laissez refroidir. Rectifier l'assaisonnement avec un peu de poivre.

3 ▶ Nettoyez tous les légumes.

4 ▶ Gardez les radis et les tomates cerises entières.

5 ▶ Taillez les carottes et le concombre en bâtonnets larges.

À table !

Disposez la sauce dans un bol et dégustez les légumes croquants en les trempant dans la préparation. Accompagnez d'un verre de Sancerre blanc.

Ma recette

Date : ....

Nombre de personnes à table : ....

Temps de préparation / cuisson : ....

Ingrédients – Ajustement des proportions

.... | ....

.... | ....

.... | ....

Ma préparation

....

....

....

....

....

....

....

Mon avis

Facilité :

Goût :   À refaire : ❑ oui   ❑ non

POULIGNY-SAINT-PIERRE

Risotto aux potimarrons et Pouligny-Saint-Pierre

Ingrédients pour 2 personnes

- 60 g de Pouligny-Saint-Pierre AOP
- 2 escalopes de poulet
- 150 g de riz Arborio
- 100 g de butternut
- 1 échalote
- 8 cl de vin blanc
- 50 cl de bouillon de volaille
- Une branche de romarin
- Huile d'olive

Préparation

1 ▶ Portez 50 cl d'eau à ébullition et y ajoutez le cube de bouillon de volaille.

2 ▶ Émincez l'échalote et découpez les escalopes de poulet en épaisses lanières.

3 ▶ Coupez la butternut en petits cubes d'un demi-centimètre.

4 ▶ Dans une poêle ou un faitout, faites revenir l'échalote dans une c-à-s d'huile d'olive pendant 2 minutes. Ajoutez ensuite la butternut et le poulet. Faites prendre une bonne coloration pendant 2 minutes.

5 ▶ Ajoutez le riz. Mélangez. Mouillez avec le vin blanc. Laissez réduire. Recouvrez de bouillon et cuire 15 à 20 min en ajoutant du liquide jusqu'à cuisson complète du riz.

6 ▶ Ajoutez le Pouligny-Saint-Pierre en dés hors du feu et remuez délicatement jusqu'à ce qu'il soit bien fondu.

À table !

Servez bien chaud et accompagnez d'un verre de Touraine blanc.

Ma recette

Date : ....

Nombre de personnes à table : ....

Temps de préparation / cuisson : ....

Mes ajustements

....

....

....

....

....

....

....

....

Mon avis

Facilité : 👨‍🍳 👨‍🍳 👨‍🍳 👨‍🍳 👨‍🍳

Goût : 😊 😊 😊 😊 😊   À refaire : ❑ oui   ❑ non

REBLOCHON

Croziflette au Reblochon

Ingrédients pour 2 personnes

- 50 g de Reblochon AOP
- 150 g de crozets
- 100 g de champignons blancs
- 500 g de lardons allumettes
- ½ oignon blanc
- 1 gousse d'ail
- 1 cube de bouillon de volaille
- Crème fraîche épaisse
- Sel, poivre

Préparation

1 ▶ Faites bouillir 50 cl d'eau et ajoutez-y le cube de bouillon de volaille.

2 ▶ Émincez l'ail. Nettoyez les champignons blancs et coupez-les en fines lamelles.

3 ▶ Dans une poêle, faites revenir à feu moyen les champignons avec l'ail dans une c-à-s d'huile d'olive pendant 5 minutes. Réservez.

4 ▶ Émincez finement l'oignon.

5 ▶ Dans la même poêle, faites revenir l'oignon avec une c-à-s d'huile. Ajoutez les lardons 3 minutes.

6 ▶ Ajoutez les crozets et couvrez avec le bouillon. Laissez cuire 15 à 20 minutes en ajoutant du bouillon régulièrement.

7 ▶ Hors du feu, ajoutez la crème fraîche, les champignons et le Reblochon coupé en dés. Mélangez jusqu'à ce que le fromage fonde.

À table !

Servez bien chaud et accompagnez d'un verre de vin d'Apremont blanc.

Ma recette

Date : ....

Nombre de personnes à table : ....

Temps de préparation / cuisson : ....

Mes ajustements

....

....

....

....

....

....

....

Mon avis

Facilité : 👨‍🍳 👨‍🍳 👨‍🍳 👨‍🍳 👨‍🍳

Goût : 😊 😊 😊 😊 😊

À refaire : ❏ oui ❏ non

RIGOTTE DE CONDRIEU

Pancakes Rigotte de Condrieu, compotée d'endives et noix

Ingrédients pour 2 personnes

- 2 Rigottes de Condrieu AOP
- 2 endives
- 40 g de noix concassées
- 1 échalote
- 1 œuf
- 10 cl Lait
- 75 g de farine
- ½ c-à-c de levure chimique
- 1 c-à-c de miel
- Huile de tournesol, beurre
- Ciboulette, sel, poivre du moulin

Préparation

1 ▶ Coupez les Rigottes en deux dans l'épaisseur.

2 ▶ Dans un saladier, versez farine, sel et levure. Ajoutez l'œuf et le lait. Mélangez vigoureusement pour obtenir une pâte bien lisse pour faire vos pancakes.

3 ▶ Faites fondre 15 g de beurre dans une casserole et ajoutez-le à la pâte. Fouettez à nouveau. Ajoutez la ciboulette ciselée.

4 ▶ Lavez les endives, émincez-les finement. Ciselez l'échalote.

5 ▶ Faites compoter 6 à 8 minutes l'échalote et les endives dans la casserole avec une c-à-s d'huile et une noix de beurre. Finissez la cuisson avec une c-à-c de miel.

6 ▶ Faites chauffer une poêle avec un c-à-s d'huile et une noix de beurre et déposez-y deux belles louches de pâte à pancakes.

Dès que des petites bulles se forment à la surface, retournez et déposez-les demi-Rigottes sur la partie cuite. Finissez la cuisson des pancakes.

À table !

Déposez la crêpe avec sa Rigotte sur une assiette, ajoutez la compotée d'endives par-dessus et parsemez de noix concassées. Accompagnez d'un verre de vin de Ventoux blanc.

Ma recette

Date : ....

Nombre de personnes à table : ....

Temps de préparation / cuisson : ....

Mes ajustements

....

....

....

....

....

Mon avis

Facilité :

Goût :   À refaire : ❑ oui ❑ non

ROCAMADOUR

Salade du Sud-Ouest au magret fumé et Rocamadour

Ingrédients pour 2 personnes

- 2 Rocamadours AOP
- 75 g de gésiers de canard
- 50 g de magret de canard fumé
- 250 g de mesclun
- 125 g de tomates cerises
- 2 tartines de pain
- Vinaigre, huile, huile de noix
- Moutarde, sel, poivre

Préparation

1 ▶ Lavez la salade et essorez-la.

2 ▶ Lavez les tomates cerises, séchez-les et coupez-les en deux.

3 ▶ Préparez la vinaigrette dans un saladier en mélangeant sel, poivre, 1 c-à-c de moutarde, 2 c-à-s de vinaigre de vin, 1 c-à-s d'huile de noix et 3 c-à-s d'huile neutre.

4 ▶ Ajoutez salade et tomates. Mélangez délicatement.

5 ▶ Poêlez les gésiers de canards dans leur graisse à feu doux. Égouttez-les et coupez-les en fines tranches. Réservez au chaud.

6 ▶ Tranchez les Rocamadours en 2 dans l'épaisseur.

7 ▶ Débarrassez la poêle de la graisse de canard, mais conservez un peu de matière grasse pour toaster le pain. Posez les tranches de pain sur une première face 1 minute. Retournez puis déposez les demi-rocamadours sur le côté doré pendant la cuisson de l'autre face.

À table !

Dans une assiette, tapissez le fond de salade et ajoutez le magret fumé, les gésiers chauds et la tranche de pain toastée au Rocamadour. Dégustez avec un verre de Côtes de Bergerac rouge.

Ma recette

Date : ....

Nombre de personnes à table : ....

Temps de préparation / cuisson : ....

Mes ajustements

....

....

....

....

....

....

....

Mon avis

Facilité : 👨‍🍳 👨‍🍳 👨‍🍳 👨‍🍳 👨‍🍳

Goût : 😊 😊 😊 😊 😊   À refaire : ❏ oui   ❏ non

ROQUEFORT

Navettes d'endives au Roquefort et noix

Ingrédients pour 2 personnes

- 50 g de Roquefort AOP
- 2 endives
- ½ pomme
- 20 g de noix
- Huile de Noix, vinaigre de cidre
- Moutarde, jus de citron

Préparation

1 ▶ Pelez la pomme, enlevez le cœur et découpez-la en brunoise très fine (petits dés de 1 demi-centimètre environ). Citronnez légèrement pour éviter l'oxydation.

2 ▶ Lavez les endives, séchez-les et retirez les grandes feuilles extérieures pour en faire des barquettes.

3 ▶ Découpez le Roquefort en petits cubes.

4 ▶ Préparez la vinaigrette en mélangeant sel, poivre, ½ c-à-c de moutarde, 1 c-à-s de vinaigre de cidre et 2 c-à-s d'huile de noix.

5 ▶ Concassez finement les noix.

À table !

Préparez les navettes en remplissant les grandes feuilles d'endives avec la pomme, le Roquefort, les noix et un filet de vinaigrette. Servez le reste des endives en les éminçant et en les accompagnant du reste de vinaigrette. Dégustez avec un verre de Côtes-de-Montravel.

Ma recette

Date : ....

Nombre de personnes à table : ....

Temps de préparation / cuisson : ....

Ingrédients – Ajustement des proportions

.... | ....

.... | ....

.... | ....

Ma préparation

....

....

....

....

....

....

....

Mon avis

Facilité :

Goût :

À refaire : ❑ oui ❑ non

SAINT-NECTAIRE

Velouté de carottes au Saint-Nectaire

Ingrédients pour 2 personnes

- 125 g de Saint-Nectaire AOP
- 500 g de carottes
- 125 ml de crème liquide
- 25 g de noisettes grillées non salées
- ½ oignon jaune
- Cube de bouillon de légumes
- Huile d'olive, quatre-épices, sel, poivre

Préparation

1 ▶ Pelez les carottes et coupez-les en tronçons de 1 cm.

2 ▶ Émincez l'oignon. Dans une grande casserole ou un faitout, faites-le revenir dans une c-à-s d'huile d'olive. Saupoudrez d'une pincée de quatre-épices.

3 ▶ Ajoutez les carottes. Poivrez et poursuivez la cuisson 3 minutes à feu moyen.

4 ▶ Recouvrez des 125 ml de crème fraîche et de 100 ml d'eau. À ébullition, rajoutez le cube de bouillon et le Saint-Nectaire en dés. Poursuivez la cuisson à feu doux pendant 15 à 20 minutes.

5 ▶ Dès que les carottes sont fondantes, mixez le tout au pied-plongeur. Rectifiez l'assaisonnement en sel.

À table !

Servir la soupe chaude dans de grands bols. Accompagnez de noisettes grillées et d'un verre de Côtes d'Auvergne rouge.

Ma recette

Date : ....

Nombre de personnes à table : ....

Temps de préparation / cuisson : ....

Ingrédients – Ajustement des proportions

.... | ....

.... | ....

.... | ....

Ma préparation

....

....

....

....

....

....

....

Mon avis

Facilité :

Goût :

À refaire : ❏ oui ❏ non

SAINTE-MAURE-DE-TOURAINE

Sauté de veau au Sainte-Maure-de-Touraine

Ingrédients pour 2 personnes

- ¼ Sainte-Maure-de-Touraine AOP
- 300 g de veau à blanquette
- 2 courgettes
- 50 g d'olives vertes dénoyautées
- ½ oignon
- 10 cl vin blanc
- 1 branche de romarin, 1 branche de sauge
- Huile d'olive, sel, poivre noir

Préparation

1 ▶ Émincez l'oignon, lavez les courgettes et détaillez-les en gros tronçons de 3 cm d'épaisseur.

2 ▶ Dans un faitout, faites revenir le veau dans 2 c-à-s d'huile d'olive. Ajoutez l'oignon, les olives, le romarin et la sauge. Cuire 2 minutes à feu moyen.

3 ▶ Ajoutez le vin blanc, salez, poivrez et poursuivez la cuisson à feu doux et à couvert pendant 20 à 30 minutes. Ajoutez un peu d'eau si nécessaire en cours de cuisson.

4 ▶ Rajoutez les courgettes, assaisonnez et poursuivez la cuisson 10 à 15 minutes en couvrant de nouveau.

5 ▶ Découpez le Sainte-Maure-de-Touraine en petits dés. Liez le jus de cuisson avec le fromage.

À table !

Servez la viande et les légumes, nappez de cette sauce crémeuse et versez-vous un verre de vin de Sancerre blanc.

Ma recette

Date : ....

Nombre de personnes à table : ....

Temps de préparation / cuisson : ....

Ingrédients – Ajustement des proportions

.... | ....

.... | ....

.... | ....

Ma préparation

....

....

....

....

....

....

....

Mon avis

Facilité :

Goût :   À refaire : ❏ oui ❏ non

SALERS

Salade aux lentilles, Salers, jambon d'Auvergne et noix

Ingrédients pour 2 personnes

- 50 g de Salers AOP
- 1 tranche épaisse de jambon d'Auvergne
- 150 g de lentilles vertes
- 30 g de cerneaux de noix
- 1 échalote
- Huile, vinaigre de cidre
- Moutarde, sel et poivre

Préparation

1 ▶ Cuire les lentilles dans un grand volume d'eau salée pendant la durée indiquée sur le paquet. Gardez vos lentilles assez fermes. Égouttez et laissez refroidir.

2 ▶ Découpez la tranche de jambon en allumettes et faites-les poêler 1 minute.

3 ▶ Coupez le Salers en petits dés. Concassez les noix.

4 ▶ Émincez finement l'échalote.

5 ▶ Préparez la vinaigrette en mélangeant sel, poivre, moutarde, 2 c-à-s de vinaigre de cidre et 4 c-à-s d'huile. Ajoutez les échalotes.

À table !

Assaisonnez vos lentilles avec la vinaigrette et servez-les avec les dés de Salers, les allumettes de Jambon et les cerneaux de noix concassés. Accompagnez d'un verre de vin de Chiroubles rouge.

Ma recette

Date : ....

Nombre de personnes à table : ....

Temps de préparation / cuisson : ....

Ingrédients – Ajustement des proportions

.... | ....
.... | ....
.... | ....

Ma préparation

....

....

....

....

....

....

....

Mon avis

Facilité :

Goût :   À refaire : ❑ oui   ❑ non

SELLES-SUR-CHER

Houmous d'avocat et Selles-sur-Cher

Ingrédients pour 2 personnes

- 1 Selles-sur-Cher AOP
- 300 g de pois chiches en conserve
- 1 avocat
- 1 yaourt grec ou petit-suisse
- 1 citron
- ½ gousse d'ail
- 2 c. à s. de crème de sésame (Tahiné)
- 2 pincées de paprika
- Huile d'olive

Préparation

1 ▶ Découpez le Selles-sur-Cher en petits dés.

2 ▶ Hachez finement la gousse d'ail.

3 ▶ Ouvrez l'avocat en deux, enlevez le noyau et prélevez la chair.

4 ▶ Dans un saladier, déposez l'avocat, les pois chiches bien rincés, 1 c-à-s de jus de citron, l'ail haché. Mixez au pied-plongeur pour obtenir une consistance lisse.

5 ▶ Ajoutez ¾ du Selles-sur-Cher, un filet d'huile d'olive, une c-à-s de Yaourt grec ou de petit-suisse et une pincée de paprika. Mixez de nouveau.

À table !

Servez ce houmous avec des toasts, des gressins, des légumes crus (concombre, tomates, radis ou carottes). Accompagnez-le d'un verre de Chinon rosé.

Ma recette

Date : ....

Nombre de personnes à table : ....

Temps de préparation / cuisson : ....

Ingrédients – Ajustement des proportions

.... | ....

.... | ....

.... | ....

Ma préparation

....

....

....

....

....

....

....

Mon avis

Facilité : ♟ ♟ ♟ ♟ ♟

Goût : ☺ ☺ ☺ ☺ ☺   À refaire : ❑ oui ❑ non

TOME DES BAUGES

Salade Baujue

Ingrédients pour 2 personnes

- 200 g de Tome des Bauges AOP
- 2 tranches de jambon cru
- 2 œufs
- 200 g de mesclun
- ½ betterave rouge crue
- Chapelure ou 4 biscottes écrasées
- Miel
- Vinaigre de cidre, vinaigre balsamique
- Huile d'olive

Préparation

1 ▶ Pelez la betterave crue et râpez-la avec une grosse grille.

2 ▶ Découpez les tranches de jambon en fines lamelles. Coupez la Tome des Bauges en tranches assez fines.

3 ▶ Battre les œufs dans une assiette creuse ou un bol.

4 ▶ Émiettez finement les biscottes dans une seconde assiette ou utilisez directement de la chapelure.

5 ▶ Faites une vinaigrette avec une ½ c-à-c de miel, une c-à-s de vinaigre balsamique, une c-à-s de vinaigre de cidre et 2 c-à-s d'huile d'olive.

6 ▶ Faites chauffer une poêle avec 2 c-à-s d'huile et une noix de beurre.

7 ▶ Déposez tranche après tranche le fromage dans l'œuf battu puis dans la chapelure sur les deux faces avant de les faire dorer dans la poêle chaude. Dès que les 2 faces sont dorées, posez-les sur un papier absorbant.

8 ▶ Dans un saladier, mélangez le mesclun, la betterave et la vinaigrette.

À table !

Servez la salade dans une assiette avec les tranches de jambon et les beignets de Tome. Accompagnez d'un verre de Vin de Savoie rouge.

Ma recette

Date : ....

Nombre de personnes à table : ....

Temps de préparation / cuisson : ....

Mes ajustements

....

....

....

....

....

Mon avis

Facilité :

Goût :

À refaire : ❏ oui ❏ non

VALENÇAY

Rouleau de crêpes frais au Valençay

Ingrédients pour 2 personnes

- ½ Valençay AOP
- 2 grandes tranches de jambon de Paris cuit à l'os
- 1 belle poignée de mâche
- 1 œuf
- 50 g de farine blanche
- 125 ml de lait
- 10 g de beurre mou
- Crème fraîche épaisse
- Ciboulette, sel, poivre

Préparation

1 ▶ Préparez la pâte à crêpes en mélangeant l'œuf et la farine dans un saladier. Ajoutez le lait et fouettez bien. Salez, poivrez et ajoutez 10 g de beurre fondu. Laissez reposer 1 heure.

2 ▶ Faites chauffer une crêpière ou une poêle avec un filet d'huile et préparez vos crêpes. Laissez-les refroidir.

3 ▶ Travaillez le Valençay avec la ciboulette et une c-à-s de crème fraîche épaisse.

4 ▶ Tartinez finement 4 crêpes avec votre préparation au fromage puis posez une demi-tranche de jambon dessus et quelques feuilles de mâche. Roulez les crêpes bien serrées. Maintenez-les fermées avec un bâtonnet en bois et placez au frais.

À table !

Découpez la crêpe en deux et servez avec un verre de Pouilly-fumé blanc.

Ma recette

Date : ....

Nombre de personnes à table : ....

Temps de préparation / cuisson : ....

Ingrédients – Ajustement des proportions

.... | ....

.... | ....

.... | ....

Ma préparation

....

....

....

....

....

....

....

Mon avis

Facilité :

Goût :   À refaire : ❑ oui ❑ non

Recette bonus : ....
....

Temps de préparation / cuisson : ....

Ingrédients pour .... personnes

.... | ....

.... | ....

.... | ....

Préparation

....

....

.... Ajoutez une recette de ....

.... votre choix pour ....

.... compléter ce recueil ....

....

....

Mon avis

Facilité : ♟ ♟ ♟ ♟ ♟   À refaire : ❑ oui ❑ non

Goût : ☺ ☺ ☺ ☺ ☺   Date : ....

Bon appétit !

Merci infiniment pour votre achat !

Ce livre de recettes vous a plu ?

Votre avis est important pour moi. Un commentaire sincère, même bref, m'aiderait beaucoup. N'hésitez pas à rédiger quelques mots sur la plateforme où vous avez acquis ce livre.

Les recettes sont-elles vraiment faciles à faire ? Le recueil est-il adapté aux débutants en cuisine ou aux gens pressés ? Les préparations sont-elles réellement réalisables dans un petit espace ? Les plats sont-ils gouteux ? Vous êtes-vous régalé ? Tout avis est le bienvenu. Il est précieux pour les futurs lecteurs, mais aussi pour moi. En effet, les retours d'expérience m'aident à concevoir de meilleurs livres et à faire des mises à jour pertinentes afin d'être toujours au plus près de vos attentes.

À bientôt avec de nouvelles recettes.

En attendant, je vous souhaite un très bon appétit !

Nico le Cuistot

© Carine Poirier, 2022 — Tous droits réservés

Édition : Carine Poirier — 33750 NÉRIGEAN

Dépôt légal : mai 2022

ISBN : 979-8-829919-80-1

Printed in France by Amazon
Brétigny-sur-Orge, FR